I0074568

Autores varios

Constitución política de 1823

Barcelona 2024
Linkgua-ediciones.com

Créditos

Título original: Constituciones fundacionales del Perú.

© 2024, Red ediciones S.L.

e-mail: info@linkgua.com

Diseño de cubierta: Michel Mallard.i

ISBN rústica: 978-84-9816-142-7.
ISBN ebook: 978-84-9897-614-4.

Sumario

Constitución de 1823

Ley de 12 de noviembre de 1823

Don José Bernardo Tagle, Gran Mariscal de los Ejércitos, y Presidente de la República peruana nombrado por el Congreso Constituyente.

Por cuanto, él mismo ha venido en decretar y sancionar la siguiente:

En el nombre de Dios, por cuyo poder se instituyen todas las sociedades y cuya sabiduría inspira justicia a los legisladores.

Nos, el Congreso constituyente del Perú, en ejercicio de los poderes que han conferido los pueblos a todos y a cada uno de sus representantes, para afianzar sus libertades, promover su felicidad, y determinar por una ley fundamental el Gobierno de la República, arreglándonos a las bases reconocidas juradas.

Decretamos y sancionamos la siguiente Constitución:

Sección primera. De la Nación

Capítulo primero. De la Nación peruana

Artículo 1. Todas las provincias del Perú reunidas en un solo cuerpo forman la nación peruana.

Artículo 2. Ésta es independiente de la monarquía española, y de toda dominación extranjera; y no puede ser patrimonio de ninguna persona ni familia.

Artículo 3. La soberanía reside esencialmente en la nación, y su ejercicio en los Magistrados, a quienes ella ha delegado sus poderes.

Artículo 4. Si la nación no conserva o protege los derechos legítimos de todos los individuos que la componen, ataca el pacto social: así como se extrae de la salvaguardia de este pacto cualquiera que viole alguna de las leyes fundamentales.

Artículo 5. La nación no tiene facultad para decretar leyes que atienten a los derechos individuales.

Capítulo II. Territorio

Artículo 6. El Congreso fijará los límites de la República, de inteligencia con los Estados limítrofes, verificada la total independencia del alto y bajo Perú.

Artículo 7. Se divide el territorio en departamentos, los departamentos en provincias, las provincias en distritos, y los distritos en parroquias.

Capítulo III. Religión

Artículo 8. La religión de la República es la católica, apostólica, romana, con exclusión del ejercicio de cualquier otra.

Artículo 9. Es un deber de la nación protegerla constantemente por todos los medios conformes al espíritu del Evangelio, y de cualquiera habitante del Estado respetarla inviolablemente.

Capítulo IV. Estado político de los peruanos

Artículo 10. Son peruanos:

1. Todos los hombres libres nacidos en el territorio del Perú.

2. Los hijos de padre o madre peruanos, aunque hayan nacido fuera del territorio, luego que manifiesten legalmente su voluntad de domiciliarse en el país.

3. Los naturalizados en él, o por carta de naturaleza, o por la vecindad de cinco años, ganada según ley, en cualquiera lugar de la República.

Artículo 11. Nadie nace esclavo en el Perú, ni de nuevo puede entrar en él alguno de esta condición. Queda abolido el comercio de negros.

Artículo 12. El peruano que fuere convencido de este tráfico pierde los derechos de naturaleza.

Artículo 13. El extranjero que se ocupare en él, no puede naturalizarse en el Perú.

Artículo 14. Los oficios prescritos por la justicia natural son obligaciones que muy particularmente debe llenar todo peruano, haciéndose indigno de este nombre el que no sea religioso, el que no ame a la Patria, el que no sea justo y benéfico, el que falte al decoro nacional, el que no cumpla con lo que se debe a sí mismo.

Artículo 15. La fidelidad a la Constitución, la observancia de las leyes, y el respeto a las autoridades comprometen de tal manera la responsabilidad de todo peruano, que cualquiera violación en estos respectos lo hace delincuente.

Artículo 16. La defensa y sostén de la República, sea por medio de las armas, sea por el de las contribuciones, obligan a todo peruano en conformidad de sus fuerzas y de sus bienes.

Artículo 17. Para ser ciudadano es necesario:

1. Ser peruano.

2. Ser casado, o mayor de veinticinco años.

3. Saber leer y escribir, cuya calidad no se exigirá hasta después del año de 1840.

4. Tener una propiedad, o ejercer cualquiera profesión, o arte con título público, u ocuparse en alguna industria útil, sin sujeción a otro en clase de sirviente o jornalero.

Artículo 18. Es también ciudadano el extranjero que obtuviere carta de ciudadanía.

Artículo 19. Para obtenerla, además de reunir las calidades del **Artículo** 17, deberá haber traído, fijado o enseñado en el país, alguna invención, industria, ciencia o arte útil, o adquirido bienes raíces que le obliguen a contribuir directamente, o estableciéndose en el comercio, en la agricultura o minería, con un capital considerable, o hecho finalmente servicios distinguidos en pro y defensa de la Nación: todo a juicio del Congreso.

Artículo 20. Son igualmente ciudadanos los extranjeros casados que tengan diez años de vecindad en cualquier lugar de la República, y los solteros de más de quince, aunque unos y otros no hayan obtenido carta de ciudadanía, con tal que sean fieles a la causa de la independencia y reúnan las condiciones del **Artículo** 17.

Artículo 21. Se moderarán estas reglas en orden a los naturales de las demás secciones independientes de América, según sus convenciones recíprocas con la República.

Artículo 22. Solo la ciudadanía abre la puerta a los empleos, cargos o destinos de la República, y da el derecho de elección en los casos prefijados por la ley. Esta disposición no obsta para que los peruanos que aún no hayan comenzado a ejercer la ciudadanía puedan ser admitidos a los empleos, que, por otra parte, no exijan edad legal.

Artículo 23. Todos los ciudadanos son iguales ante la ley, ya premie, ya castigue. Quedan abolidos los empleos y privilegios hereditarios.

Artículo 24. El ejercicio de la ciudadanía se suspende únicamente:

1. En los que por ineptitud física o moral no puedan obrar libremente.

2. Por la condición de sirviente doméstico.

3. Por la tacha de deudor quebrado, o deudor moroso al Tesoro público.

4. Por no tener empleo, oficio o modo de vivir conocido.

5. En los procesos criminalmente.

6. En los casados que sin causa abandonen sus mujeres, o que notoriamente falten a las obligaciones de familia.

7. En los jugadores, ebrios, truhanes y además que con su vida escandalosa ofendan la moral pública.

8. Por comerciar sufragios en las elecciones.

Artículo 25. Se pierde el derecho de ciudadanía únicamente:

1. Por naturalizarse en tierra de Gobierno extranjero.

2. Por imposición de pena aflictiva o infamante, si no se alcanza rehabilitación, la que no tendrá lugar en los traidores a la patria, sin pruebas muy circunstanciadas a juicio del Congreso.

Artículo 26. Las condiciones que indica este capítulo, calificadas legalmente, se tendrán en consideración al arreglar el censo constitucional cada quinquenio, del que se formará el registro cívico de toda la República.

Sección segunda. Del Gobierno

Capítulo primero. Su forma

Artículo 27. El Gobierno del Perú es popular representativo.

Artículo 28. Consiste su ejercicio en la administración de los tres poderes, legislativo, ejecutivo y judiciario, en que quedan divididas las principales funciones del poder nacional.

Artículo 29. Ninguno de los tres poderes podrá ejercer jamás ninguna de las atribuciones de los otros dos.

Capítulo II. Poder electoral

Artículo 30. Tocando a la nación hacer sus leyes por medio de sus representantes en el Congreso, todos los ciudadanos deben concurrir a la elección de ellos, en el modo que reglamente la ley de elecciones, conforme a los principios que aquí se establecen. Esta es la única función del poder nacional que se puede ejercitar sin delegarla.

Artículo 31. La elección de diputados se hará por medio de colegios electorales de parroquia y de provincia, señalándose para la reunión de los primeros el primer domingo de mayo, y para la de los segundos el primer domingo de junio, a fin de que en septiembre puedan reunirse todos los diputados en la capital de la República.

Artículo 32. Constituyen los colegios electorales de parroquia todos los vecinos residentes en ella que estuviesen en ejercicio de la ciudadanía, presididos por el Alcalde o Regidor que se designare, y asistencia del Secretario y escrutadores que nombrará el colegio de entre los concurrentes.

Artículo 33. Por cada doscientos individuos se nombrará un elector, cualquiera que sea el censo parroquial.

Artículo 34. Para ser elector parroquial se exige:

1. Ser ciudadano en ejercicio.

2. Ser vecino y residente en la parroquia.

3. Tener una propiedad que produzca trescientos pesos cuando menos, o ejercer cualquier arte u oficio, o estar ocupado en alguna industria útil que los rinda anualmente, o ser profesor público de alguna ciencia.

Artículo 35. Los colegios electorales de parroquia remitirán cerradas y selladas, a la Municipalidad de la capital de la provincia, las actas de sus elecciones, a fin de que contestada la identidad de los elegidos, puedan tener lugar los actos subsecuentes.

Artículo 36. Forman los colegios electorales de provincia, todos los electores de parroquia reunidos en su capital presididos por un ciudadano nombrado por ellos mismos, y asistencia del Secretario y escrutadores que se elegirán de su seno.

Artículo 37. Reunido el colegio procederá a elegir en sesión pública permanente los representantes o diputados que correspondan a la provincia.

Artículo 38. Elegirá asimismo un suplente por cada tres diputados propietarios. Y si no correspondiere a la provincia más que uno solo de éstos, elegirá sin embargo un suplente.

Artículo 39. Los colegios electorales de provincia remitirán, cerradas y selladas, al Senado conservador las actas de sus elecciones, para el fin indicado en el **Artículo 34**.

Artículo 40. El cargo de elector cesa verificadas las elecciones, pero si en el intervalo de una legislatura a su renovación, ocurriere motivo de elecciones, se reunirán los mismos electores.

Artículo 41. Mientras se aumenta considerablemente la población, se declara por base representativa para cada diputado, la de doce mil almas.

Artículo 42. La provincia que no tuviere este número, pero que pase de la mitad, elegirá sin embargo un diputado. Y la que tuviere esta sobre los doce mil, elegirá dos diputados, y así progresivamente.

Artículo 43. Para el grave cargo de representante es necesario:

1. Ser ciudadano en ejercicio.

2. Ser mayor de veinticinco años.

3. Tener una propiedad o renta de ochocientos pesos cuando menos, o ejercer cualquier industria que los rinda anualmente, o ser profesor público de alguna ciencia.

4. Haber nacido en la provincia o estar avecindado en ella diez años antes de su elección, pudiendo recaer ésta en individuos del colegio electoral.

Artículo 44. Verificada la elección, otorgará cada colegio electoral de provincia a sus representantes, los correspondientes poderes, con arreglo a la fórmula que prescriba la ley reglamentaria de elecciones.

Artículo 45. Tanto para ser elector como para ser diputado, es indispensable la pluralidad absoluta de sufragios.

Artículo 46. Los sufragios serán secretos, registrándose después su resultado en los libros correspondientes, para depositarlos en el archivo público de elecciones, que se conservará en la capital de la provincia.

Artículo 47. Toda duda en punto a elecciones se decidirá por el Presidente, escrutadores y Secretarios de cada colegio electoral, sin necesidad de otro recurso para este solo efecto.

Artículo 48. El cargo de elector es inexcusable: lo es también el de diputado, excepto el caso de ser reelegido antes de los cuatro años de haber cesado.

Artículo 49. La subsistencia de los Diputados durante su comisión es de cuenta de su respectiva provincia conforme a la tasa permanente que se designare por la ley.

Artículo 50. Al día siguiente de la elección de Diputados procederán los mismos colegios electorales de provincia a la de Senadores; y al siguiente de esta elección, a la de Diputados departamentales, observando en todo las mismas formalidades que para el nombramiento de Diputados a Congreso.

Capítulo III. Poder Legislativo

Artículo 51. El Congreso del Perú, en quien reside exclusivamente el ejercicio del Poder Legislativo, se compone de todos los representantes de la nación elegidos por las provincias.

Artículo 52. Todo Diputado, antes de instalarse en el Congreso, para ejercer su cargo prestará juramento ante el Presidente del Senado en la forma siguiente:

¿Juráis a Dios defender la religión católica, apostólica, romana, sin admitir el ejercicio de otra alguna en la República?
—Sí, juro.
—¿Juráis guardar y hacer guardar la Constitución política de la República peruana, sancionada por el Congreso constituyente?

—Sí, juro.
—¿Juráis haberos bien y fielmente en el cargo que la nación os ha hecho, mirando en todo por el procomunal de la misma nación?
—Sí, juro.
—Si así lo hiciereis, Dios os lo premie, y si no, os lo demande.

Artículo 53. El Congreso se reunirá cada año el 20 de septiembre, permaneciendo en sus sesiones tres meses consecutivos, y podrá continuarlas por otro mes en caso necesario, con tal que lo resuelvan los dos tercios de los Diputados existentes.

Artículo 54. Se abrirán indispensablemente las sesiones el 21 del mismo mes con asistencia del poder ejecutivo, sin que la falta de éste por cualquier impedimento pueda diferirla.

Artículo 55. Se renovará el Congreso por mitad cada dos años, de modo que cada cuatro lo sea totalmente, designando en la primera vez la suerte los Diputados que cesaren.

Artículo 56. El reglamento actual, sin perjuicio de las reformas que en él se hicieren, fijará la economía interior del Congreso y todas las formalidades convenientes.

Artículo 57. Los Diputados son inviolables por sus opiniones, y jamás podrán ser reconvenidos ante la ley por las que hubieren manifestado en el tiempo del desempeño de su comisión.

Artículo 58. Ningún Diputado durante su diputación, podrá obtener para sí, ni pretender para otro, empleo, pensión, o condecoración alguna, si no es ascenso de escala en su carrera.

Artículo 59. En las acusaciones criminales contra los Diputados no entenderá otro juzgado ni tribunal que el Congreso, conforme a su reglamento interior; y mientras permanezcan las sesiones del Congreso no podrán ser demandados civilmente, ni ejecutados por deudas.

Artículo 60. Son facultades exclusivas del Congreso:

1. Decretar y sancionar las leyes, interpretarlas, modificarlas o derogarlas.

2. Conceder indultos generales o particulares.

3. Aprobar los reglamentos de cualesquiera cuerpos o establecimientos nacionales.

4. Crear milicias nacionales y aumentar o reducir las fuerzas de línea.

5. Decretar el aumento o disminución de las fuerzas navales.

6. Decretar la guerra con presencia de las instrucciones del poder ejecutivo, y requerir a éste para que negocie la paz.

7. Aprobar los tratados de paz y demás convenios procedentes de las relaciones exteriores en todos respectos.

8. Establecer los medios de pagar la deuda pública al paso que vaya liquidándose.

9. Decretar las contribuciones, impuestos y derechos para el sostén y defensa de la República.

10. Aprobar la repartición de las contribuciones entre los departamentos y provincias.

11. Arreglar anualmente la tarifa de los gastos públicos en vista de los datos que suministre el poder ejecutivo.

12. Abrir empréstitos en caso necesario, dentro o fuera de la República, pudiendo empeñar el crédito nacional.

13. Examinar y aprobar la inversión de los caudales públicos.

14. Determinar la moneda en todos sus respectos, fijar y uniformar los pesos y medidas.

15. Crear o suprimir empleos públicos y asignarles la correspondiente dotación.

16. Conceder cartas de naturaleza y ciudadanía.

17. Conceder títulos de villa o de ciudad a los lugares.

18. Arreglar la demarcación interior del territorio para su mejor administración, y fundar nuevas poblaciones, previo el informe del poder ejecutivo.

19. Conceder premios a los beneméritos de la Patria y decretar honores a su memoria.

20. Conceder privilegios temporales a los autores de alguna invención útil a la República.

21. Instituir fiestas nacionales para mantener la unión cívica, avivar el patriotismo y perpetuar la memoria de los sucesos más célebres de la Independencia nacional.

22. Decretar todo lo necesario para la instrucción pública por medio de planes fijos e instituciones convenientes a la conservación y progresos de la fuerza intelectual y estímulo de los que se dedicaren a la carrera de las letras.

23. Crear establecimientos de caridad y beneficencia.

24. Elegir el Presidente y Vicepresidente de la República de entre los individuos que le proponga el Senado.

25. Designar por escrutinio los Senadores de cada departamento de entre los elegidos por las provincias, cuidando de que no salgan dos de una misma provincia.

26. Nombrar cada bienio los individuos de la junta conservadora de la libertad de imprenta.

27. Proteger la libertad de imprenta de modo que jamás pueda suspenderse su ejercicio, ni mucho menos abolirse.

28. Prestar o negar su consentimiento para el ingreso de tropas extranjeras y estación de escuadras en el territorio y puertos de la República; y, en caso de otorgarlo, prescribir al mismo tiempo las precauciones con que deban admitirse.

29. Prestar o negar igualmente su consentimiento para la salida de tropas nacionales fuera del territorio de la República.

30. Gozar del derecho de policía en la casa de sus sesiones y fuera de ella en todo lo conducente al libre ejercicio de sus atribuciones y a la respetabilidad de sus miembros; y hacer castigar con las penas establecidas a todo el que le faltare al debido respeto, o que amenazase atentar contra su cuerpo o contra la inmunidad de sus individuos, o que de cualquiera otro modo desobedeciere o embarazase sus órdenes y deliberaciones.

31. Trasladarse a otro lugar cuando lo exijan graves circunstancias, siempre que lo resuelvan los dos tercios de los Diputados existentes.

Capítulo IV. Formación y promulgación de las Leyes

Artículo 64. Solo a los representantes en Congreso compete la iniciativa de las leyes.

Artículo 62. El reglamento de debates determinará la forma, intervalos y modo de proceder en la discusión de las proposiciones que se presentaren por los Diputados.

Artículo 63. Los proyectos de ley suficientemente discutidos pasarán al poder ejecutivo, quien con las observaciones oportunas los remitirá al Senado en el preciso término de tres días.

Artículo 64. El Senado deliberará sobre ellos consultivamente, y dentro de tercero día los devolverá al Congreso, el que después de nueva discusión les dará o no fuerza de ley.

Artículo 65. Si pasado el término que prefijan los dos artículos anteriores no se hubiese devuelto el proyecto al Congreso, procederá éste a la segunda discusión, y en su consecuencia le dará o no fuerza de ley.

Artículo 66. Todo proyecto de ley admitido según el reglamento de debates, se imprimirá, antes de su discusión, la que tendrá lugar luego que impreso hubiere circulado.

Artículo 67. Desechado un proyecto de ley conforme al reglamento, no podrá presentarse hasta la legislatura del año siguiente.

Artículo 68. El poder ejecutivo hará ejecutar, guardar y cumplir todas las leyes bajo esta fórmula:
—«El ciudadano Presidente de la República, por la Constitución peruana.
—Por cuanto el Congreso ha sancionado lo siguiente: (Aquí el texto).
—Por tanto ejecútese, guárdese y cúmplase».

Artículo 69. El Congreso para promulgar sus leyes o decretos usará la fórmula siguiente:

—«El Congreso de la República peruana decreta y sanciona lo siguiente: (Aquí el texto).
—Comuníquese al poder ejecutivo para que disponga lo necesario a su cumplimiento, mandándole imprimir, publicar y circular».

Artículo 70. Para derogar o modificar alguna ley se observarán las mismas formalidades que para sancionarlas.

Artículo 71. Para la votación de un proyecto de ley y su sanción, es indispensable la pluralidad absoluta de los diputados presentes, que no deberán ser menos de los dos tercios de la totalidad de ellos.

Capítulo V. Poder Ejecutivo

Artículo 72. Reside exclusivamente el ejercicio del poder ejecutivo en un ciudadano con la denominación de Presidente de la República.

Artículo 73. Todos los actos de la administración serán suscritos por el Ministro de Estado en el despacho respectivo. El que careciere de esta circunstancia se reputará como no dimanado de este poder.

Artículo 74. El ejercicio del poder ejecutivo nunca puede ser vitalicio, y mucho menos hereditario. Dura el oficio de Presidente cuatro años; y no podrá recaer en el mismo individuo, sino pasados otros cuatro.

Artículo 75. Para ser Presidente se requiere:

1. Ser ciudadano del Perú por nacimiento.

2. Reunir las mismas calidades que para ser Diputado. Supone además esta magistratura la aptitud de dirigir vigorosa, prudente y liberalmente una República.

Artículo 76. Habrá un Vicepresidente en quien concurran las mismas calidades. Administrará el poder ejecutivo por muerte, renuncia, destitución del Presidente, o cuando llegare el caso de mandar personalmente la fuerza armada.

Artículo 77. En defecto del Vicepresidente administrará el poder ejecutivo el Presidente del Senado hasta la elección ordinaria de nuevo Presidente.

Artículo 78. El Presidente es responsable de los actos de su administración.

Artículo 79. El Presidente es Jefe de la administración general de la República, y su autoridad se extiende tanto a la conservación del orden público en lo interior, como a la seguridad exterior conforme a la Constitución y a las leyes.

Artículo 80. Además son facultades exclusivas del Presidente:

1. Promulgar, mandar, ejecutar, guardar y cumplir las leyes, decretos y resoluciones del Congreso, y expedir las providencias indispensablemente necesarias para su efecto.

2. Tiene el mando supremo de la fuerza armada.

3. Ordenar lo conveniente para que se verifiquen las elecciones populares en los días señalados por la Constitución.

4. Declarar la guerra a consecuencia de la resolución del Congreso.

5. Entrar en tratados de paz y alianza, y otros convenios procedentes de relaciones extranjeras con arreglo a la Constitución.

6. Decretar la inversión de los caudales destinados por el Congreso a los diversos ramos de la administración pública.

7. Nombrar los oficiales del Ejército y Armada, y de Coronel inclusive para arriba con acuerdo y consentimiento del Senado.

8. Nombrar por sí los Ministros de Estado, y los agentes diplomáticos de acuerdo con el Senado.

9. Velar sobre la exacta administración de Justicia en los tribunales y juzgados y sobre el cumplimiento de las sentencias que éstos pronunciaren.

10. Dar cuenta al Congreso en cada legislatura de la situación política y militar de la República, indicando las mejoras o reformas convenientes en cada ramo.

Artículo 81. Limitaciones del poder ejecutivo:

1. No puede mandar personalmente la fuerza armada sin consentimiento del Congreso, y, en su receso, sin el del Senado.

2. No puede salir del territorio de la República sin permiso del Congreso.

3. Bajo ningún pretexto puede conocer en asunto alguno judicial.

4. No puede privar de la libertad personal a ningún peruano; y en caso de que fundamente exija la seguridad pública, el apresto o detención de alguna persona, podrá ordenar lo oportuno, con la indispensable condición de que dentro de veinticuatro horas pondrá al detenido a disposición de su respectivo juez.

5. Tampoco puede imponer pena alguna. El Ministro que firmare la orden, y el funcionario que la ejecutare, atentan contra la libertad individual.

6. No puede diferir ni suspender en ninguna circunstancia las sesiones del Congreso.

Capítulo VI. Ministros de Estado

Artículo 82. Habrá tres Ministros de Estado: uno, de Gobierno y Relaciones Exteriores; otro, de Guerra y Marina, y otro, de Hacienda.

Artículo 83. El régimen interior de los Ministerios depende del reglamento que hiciere el Congreso.

Artículo 84. Son responsables in solidum los Ministros por las resoluciones tomadas en común, y cada uno en particular por los actos peculiares a su departamento.

Artículo 85. Los Ministros son el órgano del Gobierno en los departamentos de su dependencia, debiendo firmar las órdenes que emanen de este poder.

Artículo 86. Para ser Ministro se requieren las mismas calidades que se exigen en la persona que administra el poder ejecutivo.

Capítulo VII. Senado conservador

Artículo 87. Se compone de tres senadores por cada departamento, elegidos por las provincias y designados conforme a la facultad 25 del capítulo III.

Artículo 88. Cada provincia elegirá dos senadores propietarios y un suplente, y remitirá las actas de su elección al Congreso.

Artículo 89. El cargo de senador durará doce años, distribuyéndose su número, por lo que hace a su renovación, por cada departamento en tres órdenes. Los de la primera cesarán al fin del cuarto año; los de la segunda, al del octavo, y los de la tercera, al del duodécimo; de suerte que cada doce años se renueve la totalidad del Senado, saliendo por suerte en los dos primeros cuatrienios los que deben cesar.

Artículo 90. Las atribuciones del Senado son:

1. Velar sobre la observancia de la Constitución y de las leyes, y sobre la conducta de los magistrados y ciudadanos.

2. Elegir y presentar al poder ejecutivo los empleados de la lista civil de la República, y elegir los de la eclesiástica que deban nombrarse por la Nación.

3. Convocar a Congreso extraordinario, si fuere necesario; declarar la guerra o hacer tratados de paz, o, en otras circunstancias de igual gravedad, o cuando para ello lo excitare el poder ejecutivo.

4. Convocar a Congreso ordinario cuando no lo hiciere el poder ejecutivo en el tiempo prescrito por la Constitución.

5. Decretar, tanto en los casos ordinarios como en los extraordinarios, que ha lugar a formación de causa contra el Magistrado que ejerciere el poder ejecutivo, sus Ministros y el Supremo Tribunal de Justicia.

6. Prestar su voto consultivo al poder ejecutivo en los negocios graves de gobierno, y señaladamente en los que respectan al interés particular de los departamentos y en los de paz y guerra.

7. Abrir empréstitos dentro de la República en caso necesario.

8. Resolver en conformidad del **Artículo** 63.

9. Examinar las bulas, decretos y breves pontificios para darles el pase o decretar su detención.

10. Velar sobre la conservación y mejor arreglo de las reducciones de los Andes; y promover la civilización y conversión de los infieles de su territorio conforme al espíritu del Evangelio.

11. Hacer su respectivo reglamento y presentarlo para su aprobación al Congreso.

Artículo 91. El Senado no puede procesar ni por acusación, ni de oficio; sí solo poner en conocimiento del Supremo Tribunal de Justicia cualquiera ocurrencia relativa a la conducta de los magistrados sin perjuicio de la atribución 5 de este capítulo.

Artículo 92. Para ser Senador se requiere:

1. Cuarenta años de edad.

2. Ser ciudadano en ejercicio.

3. Haber nacido en la provincia o departamento que le elige o estar avecindado en él diez años antes de su elección.

4. Tener una propiedad que exceda el valor de diez mil pesos en bienes raíces, o el goce o renta de dos mil pesos anuales, o el ser profesor público de alguna ciencia.

5. Gozar del concepto de una probidad incorruptible y ser de conocida ilustración en algún ramo de pública utilidad.

Artículo 93. De los Senadores serán por ahora precisamente seis eclesiásticos y no más.

Artículo 94. La ley reglamentaria de elecciones determinará el modo de nombrarse estos eclesiásticos.

Capítulo VIII. Poder judiciario

Artículo 95. Reside exclusivamente el ejercicio de este poder en los tribunales de Justicia y juzgados subalternos en el orden que designen las leyes.

Artículo 96. No se conocen otros Jueces que los establecidos por la Constitución, ni otra forma de Juicios que la ordinaria que determinaren las leyes.

Artículo 97. Los Jueces son inamovibles, y de por vida, si su conducta no da motivo para lo contrario conforme a la ley.

Artículo 98. Habrá una Suprema Corte de Justicia que residirá en la capital de la República, compuesta de un Presidente, ocho vocales y dos Fiscales, divididos en las salas convenientes.

Artículo 99. Para ser individuo de la Suprema Corte de Justicia se requiere:

1. Ser de cuarenta años.

2. Ser ciudadano en ejercicio.

Haber sido individuo de alguna de las Cortes Superiores. Y mientras estas se organizan, podrán serlo los Abogados que hubiesen ejercido su profesión por diez años con reputación notoria.

Artículo 100. Corresponde a la Suprema Corte:

1. Dirimir todas las competencias que entre sí tuvieren las Cortes Superiores, y las de éstas con los demás tribunales de la República.

2. Hacer efectiva la responsabilidad del Magistrado que ejerciere el poder ejecutivo, y de los Ministros de Estado, cuando el Senado decretare haber lugar a formación de causa.

3. Conocer de las causas criminales de los Ministros de Estado y hacer efectiva la responsabilidad de las Cortes Superiores.

4. Conocer de todas las causas criminales que se promovieren contra los individuos de su seno. Y si fuere necesario hacer efectiva la responsabilidad de toda ella, nombrará el Congreso un tribunal de nueve Jueces, sacados por suerte de un número doble que elegirá a pluralidad absoluta.

5. Conocer en tercera instancia de la residencia de todo empleado público que esté sujeto a ella por disposición de las leyes.

6. Conocer de los recursos de utilidad que se interpongan contra las sentencias dadas en última instancia por las Cortes Superiores, para el efecto reponer y devolver.

7. Oír las dudas de los demás tribunales y juzgados sobre la inteligencia de alguna ley, y consultar sobre ellas fundamentalmente al poder legislativo.

8. Conocer de las causas concernientes a los negocios diplomáticos y de los contenciosos entre los Ministros, Cónsules, o agentes diplomáticos.

Artículo 101. Habrá en los departamentos de Lima, Trujillo, Cuzco, Arequipa y demás que conviniese, Cortes Superiores de Justicia compuestas de los vocales y fiscales necesarios.

Artículo 102. Son atribuciones de las Cortes Superiores:

1. Conocer en segunda y tercera instancia de todas las causas civiles del fuero común, hacienda pública, comercio, minería, presas y comisos.

2. Conocer de las causas criminales mientras se pone en observancia el juicio de jurados.

3. Decidir las competencias suscitadas entre los tribunales y juzgados subalternos.

4. Conocer de los recursos de fuerza en su respectivo departamento.

Artículo 103. Para ser individuo de las Cortes Superiores es necesario:

1. Tener treinta y cinco años de edad.

2. Ser ciudadano en ejercicio.

3. Haber sido Juez de derecho, o ejercido otro empleo o destino equivalente.

Artículo 104. Habrá Jueces de derecho con sus juzgados respectivos en todas las provincias, arreglándose su número en cada una de ellas según lo exija la pronta administración de justicia.

Artículo 105. Para ser Juez de derecho se requiere:

1. Treinta años de edad.

2. Ser ciudadano en ejercicio.

3. Ser Abogado recibido en cualquier tribunal de la República.

4. Haber ejercido la profesión cuando menos por seis años con reputación notoria.

Artículo 106. Los Códigos Civil y Criminal prefijarán las formas judiciales. Ninguna autoridad podrá abreviarlas ni suspenderlas en caso alguno.

Artículo 107. En las causas criminales el juzgamiento será público, el hecho reconocido y declarado por jurados, y la ley aplicada por los Jueces.

Artículo 108. El nombramiento de Jurados, su clase, atribuciones y modo de proceder, se designará por un reglamento particular. Entre tanto continuarán los juicios criminales en orden prevenido por las leyes.

Artículo 109. Producen acción popular contra los Jueces el soborno, la prevaricación, el cohecho, la abreviación o suspensión de las formas judiciales, el procedimiento ilegal contra la libertad personal y la seguridad del domicilio.

Artículo 110. Se administrará la justicia en nombre de la denominación.

Artículo 111. Los Jueces de primera instancia son responsables personalmente de su conducta ante las Cortes Superiores, y los individuos de éstas ante la Suprema Corte de Justicia.

Artículo 112. Todas las causas civiles y criminales se fenecerán dentro del territorio de cada Corte Superior.

Artículo 113. No se conocen más que tres instancias en los juicios.

Artículo 114. Queda abolido el recurso de injusticia notoria.

Artículo 115. Queda abolida toda confiscación de bienes, y toda pena cruel y de infamia trascendental. El código criminal limitará, en cuanto sea posible, la aplicación de la pena capital a los casos que exclusivamente la merezcan.

Artículo 116. Ninguna pena infama a otro individuo que al que la mereció por la aplicación de la ley.

Artículo 117. Dentro de veinticuatro horas se le hará saber a todo individuo la causa de su arresto, y cualquiera omisión en este punto se declara atentatoria de la libertad individual.

Artículo 118. Nadie puede allanar la casa de ningún peruano, y caso que lo exija fundada e indispensablemente el orden público, se expedirá por el Poder Ejecutivo la orden conveniente por escrito, que remitirá desde luego al Juez que conozca de la causa, con la exposición de los datos que motivaron este procedimiento para que obre en el proceso.

Artículo 119. El agente que se excediere, bien en la sustancia de la orden que indica el **Artículo** anterior, bien en el modo de cumplirla, injuria la autoridad y la ley, y será castigado a proporción del abuso.

Artículo 120. No podrá entablarse demanda alguna civil, sin haberse intentado la conciliación ante el Juez de paz.

Artículo 121. Todas las leyes anteriores a esta Constitución, que no se opongan al sistema de la independencia, y a los principios que aquí se establecen, queden en su vigor y fuerza hasta la organización de los Códigos Civil, Criminal, Militar y de Comercio.

Capítulo IX. Régimen interior de la República

Artículo 122. El gobierno político superior de los departamentos reside en un ciudadano denominado Prefecto.

Artículo 123. El gobierno político de cada provincia en un ciudadano que se denominará Intendente.

Artículo 124. El de los distritos en un ciudadano que igualmente se nombrará en cada uno de ellos con la denominación de Gobernador.

Artículo 125. Las atribuciones del Prefecto, Intendente y Gobernador se reducirán a mantener el orden y seguridad pública en sus respectivos territorios, con subordinación gradual al Gobierno Supremo, y a cuidar de que los funcionarios de su dependencia llenen exactamente sus obligaciones.

Artículo 126. También les corresponde la intendencia económica sobre la Hacienda pública.

Artículo 127. Les está prohibido absolutamente todo conocimiento judicial, pero si la tranquilidad pública exigiere fundadamente la aprehensión de algún individuo, podrá ordenarla desde luego, poniendo al preso dentro de veinticuatro horas a disposición del Juez, y remitiéndole los antecedentes.

Artículo 128. Esta disposición tendrá lugar cuando el tiempo y las circunstancias no permitieren de algún modo poner en noticia del Juez la necesidad de la aprehensión.

Artículo 129. Cualquier exceso del Prefecto, Intendente o Gobernador en el ejercicio de su empleo relativo a la seguridad individual, o a la del domicilio, produce acción popular.

Artículo 130. La duración de los jefes que indica este capítulo será de cuatro años improrrogables, pudiendo ser removidos antes si así lo exigiere su conducta según las leyes.

Artículo 131. Para ser Prefecto, Intendente o Gobernador se requiere:

1. Ser ciudadano en ejercicio.

2. Tener treinta años de edad.

3. Probidad notoria.

Artículo 132. En la capital de cada departamento habrá una Junta departamental, compuesta de un vocal por cada provincia elegido en la misma forma que los Diputados.

Artículo 133. Esta Junta es el Consejo del Prefecto que la presidirá, y pedirá dictamen en los negocios graves.

Artículo 134. Se renovará cada dos años por mitad, designando en la primera vez la suerte los vocales que cesaren.

Artículo 135. Son atribuciones de esta Junta:

1. Inspeccionar la conducta de las municipalidades e informar al Senado de lo que hubieren hecho con arreglo a sus atribuciones en favor de los pueblos, y lo que hubieren dejado de hacer.

2. Formar el censo y estadística de cada departamento, cada quinquenio, con presencia de los datos que suministren las municipalidades y remitirlo al Senado.

3. Promover todos los ramos conducentes a la prosperidad del departamento y señaladamente la agricultura, industria y minería.

4. Cuidar de la instrucción pública y de los establecimientos piadosos y de beneficencia.

5. Velar sobre la inversión de los fondos públicos e intervenir en la repartición de las contribuciones que se hicieren al departamento.

6. Proponer al Senado, en terna, los ciudadanos para el gobierno político de las provincias y distritos del departamento.

7. Remitir anualmente al Senado lista de todas las personas beneméritas en el departamento para los empleos públicos.

8. Informar anualmente al Senado sobre los medios y recursos oportunos para la mayor prosperidad de las provincias, dando razón de lo que hubiere hecho conforme a sus atribuciones o lo que hubiere dejado de hacer.

9. Remitir al Senado la lista de los tres ciudadanos elegibles para Presidente de la República.

Artículo 136. Para ser vocal de esta Junta se requieren las mismas calidades que para Diputado.

Artículo 137. Se elegirá el mismo número de suplentes que de propietarios en cada Junta departamental.

Capítulo X. Poder municipal

Artículo 138. En todas las poblaciones, sea cual fuere su censo, habrá municipalidades compuestas del Alcalde o Alcaldes, Regidores, Síndico o Síndicos correspondientes; en la inteligencia de que nunca podrá haber menos de dos Regidores, ni más de dieciséis, dos Alcaldes y dos Síndicos.

Artículo 139. La elección de estos individuos se hará por colegios electorales de parroquia, renovándose la mitad cada año según el reglamento respectivo.

Artículo 140. Las atribuciones del régimen municipal dependen:

1. De la policía de orden.

2. De la policía de instrucción primaria.

3. De la policía de beneficencia.

4. De la policía de salubridad y seguridad.

5. De la policía de comodidad, ornato y recreo.

Artículo 141. Las municipalidades deben, además:

1. Repartir las contribuciones o empréstitos que se hubieren señalado a su territorio.

2. Formar los ordenamientos municipales del pueblo y remitirlos al Congreso para su aprobación por medio de la Junta departamental.

3. Promover la agricultura, industria y cuanto conduzca en razón de la localidad al bien del pueblo.

4. Informar anualmente a la Junta departamental de lo que hubieren hecho en conformidad de sus atribuciones, o de lo que hubieren dejado de hacer, indicando los motivos.

Artículo 142. Los Alcaldes son los Jueces de paz de su respectiva población. En las poblaciones numerosas ejercerán también este oficio los Regidores.

Artículo 143. Conocerán los Jueces de paz de las demandas verbales civiles de menor cuantía; y de las criminales sobre injurias leves y delitos menores que solo merezcan una moderada corrección.

Artículo 144. Para ser Alcalde, Regidor o Síndico se requiere:

1. Ser ciudadano en ejercicio.

2. Tener veinticinco años de edad.

3. Ser natural del pueblo o tener diez años de vecindad próximamente antes de su elección.

4. Tener probidad notoria.

Artículo 145. Ningún empleado de Hacienda puede ser admitido a los empleos municipales.

Artículo 146. Ningún ciudadano podrá excusarse de estas cargas.

Artículo 147. Toda municipalidad tendrá un Secretario y un Tesorero elegidos a pluralidad absoluta y con asignación deducida de los propios del común.

Sección tercera. De los medios de conservar el Gobierno

Capítulo primero. Hacienda pública

Artículo 148. Constituye la Hacienda pública todas las rentas y productos que conforme a la Constitución y a las leyes deban corresponder al Estado.

Artículo 149. El presupuesto de los gastos públicos fijará las contribuciones ordinarias mientras se establece la única contribución. Adoptándose por regla constante el acrecer la Hacienda por el fomento de ramos productivos, a fin de disminuir las imposiciones en cuanto sea posible.

Artículo 150. La administración general de la Hacienda pertenece al Ministerio de ella.

Artículo 151. Éste presentará anualmente al Gobierno para que lo haga al Congreso:

1. Los planes orgánicos de la Hacienda en general y de sus oficinas en particular.

2. El presupuesto de gastos precisos para el servicio de la República.

3. El plan de contribuciones ordinarias para cubrirlos.

4. El de las contribuciones extraordinarias para satisfacer los empréstitos nacionales y sus créditos correspondientes.

Artículo 152. Habrá en la capital de la República una contaduría general con un Jefe y los empleados necesarios. En ella deberán examinarse, glosarse y fenecerse las cuentas de todos los productos e inversiones de la Hacienda.

Artículo 153. Habrá también en la capital de la República una tesorería general compuesta de un Contador, un Tesorero y los empleados correspondientes. Se reunirán en ella todos los productos de la Hacienda.

Artículo 154. Una ley reglamentaria de Hacienda ordenará todas estas oficinas y las demás dependencias que sean necesarias en este ramo, fijando las atribuciones, escala, número y responsabilidad de los empleados y el modo de rendir y liquidar las cuentas.

Artículo 155. Quedan abolidos los estancos en el territorio de la República.

Artículo 156. Las aduanas se situarán en los puertos de mar y en las fronteras en cuanto sea compatible con la recta administración, con el interés del Estado y el servicio público.

Artículo 157. Quedan suprimidas las aduanas interiores; pero esta disposición no tendrá efecto hasta que lo determine el Congreso.

Artículo 158. Se establecerá en la capital de la República un Banco general de rescate de oro y plata y habilitación de minas.

Artículo 159. Se establecerán Bancos de rescate en los principales asientos de minas a fin de auxiliar a los mineros y facilitarles la pronta explotación y beneficio de metales.

Artículo 160. Un reglamento particular determinará todo lo conducente a estos establecimientos.

Artículo 161. La nación reconoce la deuda pública, y su pago depende del honor nacional; para cuyo fin decretará el Congreso cuanto estime necesario a la dirección de este importantísimo negocio.

Artículo 162. Las contribuciones se repartirán bajo la regla de igualdad y proporción, sin ninguna excepción ni privilegio.

Artículo 163. Las asignaciones de los funcionarios de la República son de cuenta de la Hacienda, cuyo arreglo se hará por un decreto particular con concepto a la representación y circunstancias de los empleos o destinos.

Capítulo II. Fuerza armada

Artículo 164. La defensa y seguridad de la República demanda una fuerza armada permanente.

Artículo 165. Constituyen la fuerza armada de tierra: el ejército de línea, la milicia cívica y la guardia de policía.

Artículo 166. El destino del ejército de línea es defender la seguridad exterior de la República, y se empleará donde ésta pueda ser amenazada.

Artículo 167. Para emplearla en caso de alguna revolución declarada en el interior de la República, precederá el acuerdo del Congreso, y en su receso el del Senado.

Artículo 168. La milicia cívica servirá para mantener la seguridad pública entre los límites de cada provincia.

Artículo 169. No podrá traspasar estos límites sino en el caso de alguna revolución entre otras provincias dentro o fuera del departamento o en el de invasión.

Artículo 170. En estos casos procederá el acuerdo del Congreso, y en su receso el del Senado.

Artículo 171. El objeto de la guardia de policía es proteger la seguridad privada, purgando los caminos de malhechores, y persiguiendo a los delincuentes con sujeción a las órdenes de la autoridad respectiva.

Artículo 172. No puede destinarse esta guardia a otro servicio, si no es en los casos de revolución declarada, o de invasión; para lo que precederá el acuerdo del Congreso, y en su receso el del Senado.

Artículo 173. El Congreso fijará anualmente el número de tropas necesarias en el ejército de línea, y el modo de levantar las que fueren más convenientes.

Artículo 174. Las ordenanzas que prefijare el Congreso, determinarán todo lo relativo a la organización de estos cuerpos, la escala militar, disciplina y arreglo económico del ejército.

Artículo 175. La enseñanza e instrucción del ejército y armada dependen de la educación que se dará en las escuelas o colegios militares que deberán establecerse.

Artículo 176. La Milicia cívica se organizará en todas las provincias según su población y circunstancias.

Artículo 177. Se creará una guardia de policía en todos los departamentos que lo exijan conforme a las necesidades.

Artículo 178. El Congreso fijará anualmente el número de buques de la marina militar que deban conservarse armados.

Artículo 179. Todo militar no es más que un ciudadano armado en defensa de la República. Y así como esta circunstancia le recomienda de una manera particular para las recompensas de la Patria; el abuso de ella contra la libertad le hará excederse a los ojos de la nación y de cada ciudadano.

Artículo 180. Ningún peruano podrá excusarse del servicio militar, según y como fuere llamado por la ley.

Capítulo III. Educación pública

Artículo 181. La instrucción es una necesidad común, y la República la debe igualmente a todos sus individuos.

Artículo 182. La Constitución garantiza este derecho:

1. Por los establecimientos de enseñanza primaria, de ciencias, literatura y artes.

2. Por premios que se concedan a la dedicación y progresos distinguidos.

3. Por Institutos científicos, cuyos miembros gocen de dotaciones vitalicias competentes.

4. Por el ejercicio libre de la imprenta que arreglará una ley particular.

5. Por la inviolabilidad de las propiedades intelectuales.

Artículo 183. La instrucción pública depende en todos sus ramos de los planes y reglamentos generales que decretare el Congreso.

Artículo 184. Todas las poblaciones de la República tienen derecho a los establecimientos de instrucción que sean adaptables a sus circunstancias. No puede dejar de haber Universidades en las capitales de departamento, ni escuelas de instrucción primaria en los lugares más pequeños; la que comprenderá también el catecismo de la religión católica y una breve exposición de las obligaciones morales y civiles.

Artículo 185. Se establecerá una Dirección general de Estudios en la capital de la República, compuesta de personas de conocida instrucción, a cuyo cargo estará, bajo la autoridad del Gobierno y protección del Senado, la inspección de la instrucción pública.

Capítulo IV. Observancia de la Constitución

Artículo 186. El primer cuidado del Congreso, luego después de la apertura de sus sesiones, será examinar las infracciones de la Constitución que no se hubieren remediado, a fin de decretar lo necesario para que se haga efectiva la responsabilidad de los infractores.

Artículo 187. Todo peruano puede reclamar ante el Congreso, ante el Poder Ejecutivo o ante el Senado, la observancia de la Constitución, y representar fundadamente las infracciones que notare.

Artículo 188. Todo funcionario público, de cualquier fuero que sea, al tomar posesión de su cargo ratificará el juramento de fidelidad a la Constitución, prometiendo bajo de él cumplir debidamente sus obligaciones respectivas.

Artículo 189. El Presidente de la República jurará ante el Congreso, como asimismo el de la Suprema Corte de Justicia y el del Senado; los obispos jurarán en presencia de sus respectivos Cabildos.

Artículo 190. Todos los demás empleados jurarán ante las autoridades correspondientes, según el departamento a que pertenecieren.

Artículo 191. Esta Constitución queda sujeta a la ratificación o reforma de un Congreso general compuesto de los diputados de todas las provincias actualmente libres, y de todas las que fueren desocupadas por el enemigo, concluida que sea la guerra.

Artículo 192. Para la ratificación o reforma que indica el **Artículo** anterior deberán contener los poderes de los diputados cláusula especial que los autorice para ello.

Capítulo V. Garantías constitucionales

Artículo 193. Sin embargo de estar consignados los derechos sociales e individuales de los peruanos en la organización de esta Ley fundamental, se declaran inviolables:

1. La libertad civil.

2. La seguridad personal y la del domicilio.

3. La propiedad.

4. El secreto de las cartas.

5. El derecho individual de presentar peticiones o recursos al Congreso o al Gobierno.

6. La buena opinión o fama del individuo, mientras no se le declare delincuente conforme a las leyes.

7. La libertad de imprenta en conformidad de la Ley que la arregle.

8. La libertad de la agricultura, industria, comercio y minería, conforme a las leyes.

9. La igualdad ante la ley, ya premie, ya castigue.

Artículo 194. Todos los peruanos pueden reclamar el uso y ejercicio de estos derechos, y es un deber de las autoridades respetarlos y hacerlos guardar religiosamente por todos los medios que estén en la esfera de las atribuciones de cada una de ellas.

Dada en la sala de sesiones, en Lima, a 12 de noviembre del año del Señor de 1823, cuarto de la Independencia y segundo de la República.

Manuel Salazar y Baquijano, diputado por Huaylas, Presidente.
Juan Antonio de Andueza, diputado por Trujillo.
Felipe Antonio Alvarado, diputado por Lima.
Toribio, Rodríguez, diputado por Lima.
Justo Figuerola, diputado por Trujillo.
Bartolomé de Bedoya, diputado por Arequipa.
José de La Mar, diputado por Puno.
Hipólito Unanue, diputado por Puno.
Manuel de Arias, diputado por Lima.
Nicolás de Aranibar, diputado por Arequipa.
Manuel de Salazar y Vicuña, diputado por Huaylas.
Mariano Quesada, diputado por Trujillo.
Manuel Antonio Valdizán, diputado por Tarma.
Manuel de Gárate, diputado por Huaylas.
Tiburcio José de la Hermosa, diputado por Huaylas.
Tomás de Méndez y Lachica, diputado por Huamanga.
Ignacio Antonio de Alcázar, diputado por Puno.
Miguel Tafur, diputado por el Cuzco.
Ignacio Ortiz de Ceballos, diputado por Lima.
Francisco Salazar, diputado por Puno.
Juan Esteban Henríquez de Saldaña, diputado por Lima.
Miguel Tenorio, diputado por el Cuzco.
Manuel Ferreiros, diputado por el Cuzco.
Mariano Navía de Bolaño, diputado por el Cuzco.
José de Iriarte, diputado por Tarma.
Mariano José de Arce, diputado por Arequipa.
Gregorio Luna Villanueva, diputado por Arequipa.
Juan José Muñoz, diputado por el Cuzco.

F. J. Mariátegui, diputado por Lima.
Santiago Ofelán, diputado por Arequipa.
Francisco Agustín de Argote, diputado por Huamanga.
Marceliano de Barrios, diputado por Arequipa.
José Sánchez Carrión, diputado por Trujillo.
Laureano Lara, diputado por el Cuzco.
Jerónimo Agüero, diputado por el Cuzco.
Joaquín de Arrece, diputado por el Cuzco.
José Lago y Lemús, diputado por Tarma.
Pedro Pedemonte, diputado por el Cuzco.
José María Galdiano, diputado por Puno.
Joaquín Paredes, diputado por el Cuzco.
Pedro Antonio Alfaro de Arguedas, diputado por Arequipa.
Francisco Javier Pastor, diputado por Arequipa.
Mariano Carranza, diputado por Tarma.
José Mendoza, diputado por Huamanga.
Juan Zevallos, diputado por el Cuzco.
Manuel Antonio Colmenares, diputado por Huancavelica.
Carlos Pedemonte, diputado por Tarma.
Esteban Navia y Quiroga, diputado por el Cuzco.
Domingo de Orúe, diputado por Puno.
Tomás Forcada, diputado por Lima.
Toribio de Alarco, diputado por Huancavelica.
José Bartolomé Zárate, diputado por Huamanga.
Anselmo Flores, diputado por Arequipa.
José Gregorio Paredes, diputado por Lima.
Manuel Muelle, diputado por Huaylas, Secretario.
Miguel Otero, diputado por Tarma, Secretario.

Por tanto, mandamos a todos los peruanos individuos de la República, de cualquier clase y condición que sean, que hayan y guarden la Constitución inserta como ley fundamental de la República, y mandamos asimismo a todos los tribunales, Justicias, Jefes, Gobernadores y demás autoridades, así civiles como militares y eclesiásticas de cualquiera clase y dignidad que la guarden y hagan guardar, cumplir y ejecutar en todas sus partes. El Ministro de Estado en el Departamento de Gobierno y Relaciones Exteriores dispondrá lo necesario a su cumplimiento haciéndola imprimir, publicar y circular, de que dará cuenta.

Palacio del Gobierno en Lima, a 12 de noviembre de 1822. 4.º 2.º José Bernardo Tagle.
Por orden de S. E., Juan de Beringoaga.

Libros a la carta

A la carta es un servicio especializado para
empresas,
librerías,
bibliotecas,
editoriales
y centros de enseñanza;
y permite confeccionar libros que, por su formato y concepción, sirven a los propósitos más específicos de estas instituciones.

Las empresas nos encargan ediciones personalizadas para marketing editorial o para regalos institucionales. Y los interesados solicitan, a título personal, ediciones antiguas, o no disponibles en el mercado; y las acompañan con notas y comentarios críticos.

Las ediciones tienen como apoyo un libro de estilo con todo tipo de referencias sobre los criterios de tratamiento tipográfico aplicados a nuestros libros que puede ser consultado en Linkgua-ediciones.com.

Linkgua edita por encargo diferentes versiones de una misma obra con distintos tratamientos ortotipográficos (actualizaciones de carácter divulgativo de un clásico, o versiones estrictamente fieles a la edición original de referencia).

Este servicio de ediciones a la carta le permitirá, si usted se dedica a la enseñanza, tener una forma de hacer pública su interpretación de un texto y, sobre una versión digitalizada «base», usted podrá introducir interpretaciones del texto fuente. Es un tópico que los profesores denuncien en clase los desmanes de una edición, o vayan comentando errores de interpretación de un texto y esta es una solución útil a esa necesidad del mundo académico.

Asimismo publicamos de manera sistemática, en un mismo catálogo, tesis doctorales y actas de congresos académicos, que son distribuidas a través de nuestra Web.

El servicio de «libros a la carta» funciona de dos formas.

1. Tenemos un fondo de libros digitalizados que usted puede personalizar en tiradas de al menos cinco ejemplares. Estas personalizaciones pueden ser de todo tipo: añadir notas de clase para uso de un grupo de estudiantes,

introducir logos corporativos para uso con fines de marketing empresarial, etc. etc.

2. Buscamos libros descatalogados de otras editoriales y los reeditamos en tiradas cortas a petición de un cliente.

·